AF243065

ORAISON FUNÈBRE

DE

M. POIROT,

CURÉ DE LA CATHÉDRALE,

PRONONCÉE

LE 10 NOVEMBRE 1853,

A L'ÉGLISE SAINT - GEORGES,

DE NANCY,

PAR M. L'ABBÉ CLAUDE,

PROFESSEUR DE RHÉTORIQUE AU SÉMINAIRE DE PONT-A-MOUSSON.

Se vend 50 centimes au profit de l'OEuvre.

NANCY.

VAGNER, IMPRIMEUR-LIBRAIRE-ÉDITEUR,

RUE DU MANÉGE, 5.

NANCY, IMPRIMERIE DE VAGNER.

ORAISON FUNÈBRE

DE

M. POIROT.

Melior est qui dominatur animo suo expugnatore urbium.

Il est plus grand celui qui règle sa vie que le guerrier qui fait des conquêtes.

————❀————

MONSEIGNEUR,

MES FRÈRES,

Le monde ne comprendra jamais la vérité de ces paroles de l'Esprit-Saint ; son regard trop faible, trop voilé, pour en sonder la profondeur, toujours s'arrêtera aux apparences sans atteindre jamais aux réalités. Pour lui l'éclat de la naissance, la splendeur de la fortune, la gloire du succès, le rayon du génie, des lauriers, un trône, une couronne, voilà l'apogée de la grandeur humaine. Insensé ! qui veut s'étourdir lui-même pour se dissimuler son néant, et qui ne voit pas qu'en présence d'un tombeau, tous ces grands mots ne sont que vanités d'un jour ! ! !

Ah ! que bien différentes, Mes Frères, sont les pensées de la religion ! Son divin regard à travers ce qui frappe les sens pénètre jusqu'à l'âme, et, sur le seuil de l'éternité, abandonnant ce qui n'est que terrestre, elle ne rend hommage qu'à la vraie piété : car elle sait que si le bonheur ou la témérité peuvent faire des héros, il n'y a qu'une victoire constante sur soi–même qui fasse l'homme de bien ; et que si les passions peuvent nous élever bien haut, il n'y a que la vertu qui nous élève au–dessus de nous–mêmes, et nous rapproche de Dieu. Crains Dieu, nous dit–elle, observe ses commandements ; voilà tout l'homme. (Eccl. XII.)

Aussi, que le vain orgueil des hommes multiplie à son gré les statues et les apothéoses ; que chaque matin voie s'élever à la gloire de nouveaux héros un nouveau piédestal assis sur un sol à peine déblayé des ruines de la veille, sur une place encore fatiguée des cris de la sédition, la religion passe sans tourner la tête ; mais elle vient solennellement dans ses temples verser avec ses prières, des larmes et des éloges sur la tombe de l'homme juste, du bon pasteur qui n'obéissant qu'à sa conscience a su marcher avec une persévérance héroïque dans les sentiers du devoir. Elle se plaît à redire l'édification de sa vie, à retracer ses humbles vertus, parce que, présentant à notre amour ces vérités utiles, elle espère relever vers le Ciel notre âme qui s'incline si naturellement vers la terre, et nous faire comprendre qu'en vérité est plus grand dans sa modestie le juste qui ne s'écarte jamais du devoir que le conquérant qui prend des villes et gagne des batailles.

Ce n'est donc point un vain éloge, mes Frères, que j'entreprends : cette cendre chérie se ranimerait, du fond de sa tombe, votre cher et vénéré pasteur, si humble, si modeste, se relèverait pour m'imposer silence et me défendre de troubler son repos : c'est le récit simple et sans artifices de langage de toute une vie édifiante, chrétienne et sacerdotale, de toute une vie consacrée à Dieu et à ses frères, de toute une vie qu'aucun obstacle ne détourna jamais du droit chemin de la vertu.

Puisse Dieu, qui seul est maître de nos cœurs, et qui les touche, quand il lui plaît, par la force qu'il communique aux bons exemples, graver dans nos âmes cette droiture, cette bonté, cette religion, dont tous nous avons été tant de fois les heureux témoins! Puisse le souvenir des vertus de ce bien-aimé pasteur que vous avez pleuré, dont la perte vous arrache tant de larmes, vous animer à combattre avec une ardeur toujours nouvelle les combats du Seigneur! Puisse votre assistance, ô père tendre et chéri, vous qui avez été le guide de mes jeunes ans, le conseil de ma carrière sacerdotale, oh! puissiez-vous me donner, à moi votre enfant, de retracer votre vie toute réglée par la sagesse et votre mort sanctifiée par la patience et la résignation!

Dieu, dont la providence destine les prêtres à la sanctification de son peuple, fit naître M. Poirot, en 1785, d'une famille honorable et chrétienne qui avait la gloire de compter dans son sein plusieurs membres distingués dans le sacerdoce; d'une famille où la vertu se communique avec le sang, s'entretient par les bons conseils, s'anime par les grands exemples; où les enfants aiment mieux hériter de la probité de leur père, que d'une fortune acquise aux dépens de la délicatesse et de la conscience; où la crainte de Dieu, sa miséricorde et sa justice sont les règles de la discipline domestique. Toujours il vit dans la maison paternelle la paix, l'ordre, le contentement, une bonté qui savait partager avec les pauvres, une foi qui en rapportant tout à Dieu élevait tout jusqu'à lui, et trouvait, jusque dans les larmes, un bonheur que le monde ne connaît pas.

Aussi quand l'impiété triomphante abaissa sur notre belle patrie son sceptre de fer, quand elle dispersa les pierres du sanctuaire, et qu'elle bannit les prêtres qu'elle ne pouvait égorger, lorsque la prière publique n'avait plus d'écho dans nos temples et que la religion persécutée ne trouvait plus d'autels que dans quelques réduits obscurs; que fit ce jeune enfant? Fidèle aux pieuses traditions de sa famille, fier de compter parmi les confesseurs de la foi un oncle qui mourait glorieusement à Rochefort pour son Dieu, il se disposait à s'unir plus intimement à Jésus-Christ, et bravant la persécution qui s'exerçait alors avec plus de fureur, il recevait en 1796 dans un faux-grenier, secrètement transformé en chapelle, il recevait la Sainte-Eucharistie qui rajeunit les vieillards et donne aux enfants une force toute divine. Tels, dans les premiers siècles de l'Eglise, les chrétiens, avant de s'élancer au martyre, se nourrissaient du pain des forts, et jetant un regard de dédain sur cette terre qui n'était pas digne d'eux, embrassaient dans leur espérance le Ciel et toute sa gloire. Ainsi, dans les plus mauvais jours de la Terreur, se formait cette âme noble et vertueuse, semblable à ces plantes salutaires qui, nourries de sucs heureux, croissent et s'élèvent parmi les poisons qui les environnent.

Dès l'année suivante, le pieux communiant, pour se rendre capable de travailler un jour au salut de ses frères, commença ses études de latinité dans lesquelles il fit de solides progrès. Son éducation ne fut pas confiée à des mains étrangères, mais son grand-oncle maternel, M. Delattre, se chargea de cultiver ses heureuses dispositions et de préparer à l'Eglise de Nancy un zélé pasteur. C'est ainsi que Dieu, qui veillait si visiblement sur cette jeune âme, lui fit éviter par sa grâce ces dangereuses passions, qui sont comme les écueils où l'ardeur de l'âge, la licence du siècle, la corruption de la nature, le mauvais exemple, et souvent le mauvais conseil poussent une jeunesse inconsidérée. Le bon naturel de l'élève répondit parfaitement à la sollicitude du sage précepteur et bientôt, montrant dans une grande jeunesse ce qu'on trouve rarement dans un âge plus avancé; des connaissances précises, de la régularité et de la retenue, M. Poirot put essayer ses forces dans l'enseignement secondaire, soit avec M. l'abbé Thomas qu'il seconda dans la formation d'une école latine à Nancy, soit au lycée où, d'abord maître d'études, il fut bientôt appelé aux fonctions de professeur et mérita par ses belles qualités les éloges publics de l'inspecteur de l'Académie.

O vous qui fûtes ses élèves, vous rappellerai-je qu'alors vous vîtes paraître en lui ce que depuis nous avons tous admiré, cette vie régulière, active, simple et modeste, une égalité d'âme inaltérable, une patience que rien ne pouvait lasser, une fidélité inviolable à son devoir, la douceur jointe à la fermeté, le don bien rare d'aimer et de se faire aimer, enfin cette douce piété qui le faisant honorer de tous, ne le faisait craindre à personne ? Oh ! non, ces souvenirs d'enfance sont gravés dans vos cœurs en caractères ineffaçables. Jamais vous n'oublierez cette vivacité qui lui faisait deviner vos pensées, cette sagesse qui lui donnait toujours le temps de peser les siennes, cette franche et véritable amitié qui devait aller par delà la tombe.

Mais déjà Dieu l'appelait à de plus grandes choses ; ce n'était plus seulement comme professeur qu'il devait former la jeunesse chrétienne ; c'était comme pasteur des âmes qu'il devait instruire les petits et les grands, les enfants, les vieillards et répandre sur toutes les classes de la société la bonne odeur de Jésus-Christ. Pour répondre à cette sublime vocation il entra donc au Séminaire de Nancy où ses succès en théologie, ses vertus ecclésiastiques lui méritèrent l'estime de tous les directeurs et l'affection bien vive du supérieur, du vénérable M. Michel, qu'il devait remplacer plus tard comme curé de la Cathédrale.

Envoyé en 1811 comme vicaire à Château-Salins, conformément à la pensée de l'Apôtre, *nemo adolescentiam contemnet tuam*, il sut faire respecter sa jeunesse par la dignité de sa vie et l'amour le plus grand pour l'étude. Estimé du riche, il était béni du pauvre ; et la bonté de son cœur, la douceur de ses manières, la prévenance, l'affabilité avec lesquelles il accueillait tout le monde, l'amitié qu'il témoignait aux enfants avec lesquels il se faisait enfant lui-même, son dévouement de tous les jours lui attirèrent la confiance et l'affection de toutes les familles. Aussi quand il quitta, les larmes aux yeux, cette paroisse désolée, laissa-t-il à tous le souvenir bien précieux de toutes ses qualités éminemment pastorales.

Les habitants de cette ville le conservèrent dans leur cœur comme un culte religieux et quand, sept ans après, la mort leur enlevait M. Suisse, comprenant mieux que jamais le bien qu'il pourrait réaliser au milieu d'eux, ils l'appelèrent de tous leurs vœux à ce poste dont ils le jugeaient digne. Ces vœux, du reste, n'étaient que l'expression de celui du digne pasteur qui avait toujours conservé pour son ancien vicaire, malgré son absence, une estime si profonde, une amitié si vive qu'il le nomma son légataire universel et que sur le point de paraître devant Dieu, il crut ne pouvoir faire mieux que de le demander lui-même à l'autorité diocésaine pour être son successeur immédiat.

Vous dirai-je ce qu'il fit pendant ces sept années qu'il passa loin de nous ! Vous l'avez vu, mes Frères, seconder avec un dévouement sans bornes le zèle de M. Charlot. Ah ! vous le savez, mes Frères : le temps n'a point affaibli dans vos âmes le souvenir de ce jeune vicaire dont la parole si pure, si bienveillante, si onctueuse, rafraîchissait vos cœurs comme une douce rosée. Avec quelle force et quelle énergie il attaquait le vice ! avec quel bonheur il savait vous présenter les charmes de la vertu ! avec quelle indulgente bonté il rallumait la mèche qui fume encore ! ce n'était point sans doute l'éclair qui éblouit, l'incendie qui dévore, le torrent qui entraîne, c'était une source d'eau vive où tous vous vouliez étancher votre soif. Vous vous rappelez aussi quelle estime, quelle sympathie, quel attachement l'unissait à votre cher et bien-aimé curé M. Charlot ; il ne faisait avec lui qu'un cœur et qu'une âme, vivant de sa vie, pensant de son esprit, aimant de son affection et partageant toutes ses joies et ses douleurs comme le fils le plus tendre le ferait avec le meilleur des pères. Aussi fut-elle douloureuse et pénible la séparation de ces deux amis sincères ; non pas amis d'un jour, amis de la terre, mais amis chrétiens, amis éternels, puisque dans ses derniers instants il caressait comme une douce consolation la pensée d'être inhumé à ses pieds et de retrouver dans la tombe celui qu'il avait tant aimé dans la vie.

Cependant arriva ce moment cruel. Un jour Monseigneur d'Osmond, qui voulait bien honorer aussi M. Poirot de son affection toute particulière, dans un épanchement tout amical, lui dit : « Mon cher abbé, si je devais vivre encore, lorsque la mort nous enlèvera le vénérable M. Charlot, je ne vous laisserais pas quitter la Cathédrale, mais Dieu seul connaît le secret des événements ; je vous offre donc Château-Salins avec d'autant plus de plaisir que vous y êtes appelé par les vœux unanimes et du curé défunt et de toute cette paroisse qui vous a toujours tant regretté ; cependant voyez, je vous laisse libre d'accepter ou de refuser. » M. Poirot eut mille peines, a-t-il écrit lui-même, de se décider entre deux attachements également chers à son cœur ; animé par les sentiments de la foi la plus vive, il tombe à genoux, invoque les lumières de l'Esprit-Saint, il prie, et prie encore, puis croyant reconnaître la volonté de Dieu qui a toujours été la règle de sa vie, il se relève avec confiance et se rend à Château-Salins.

Son entrée dans sa nouvelle paroisse fut pour lui un jour de triomphe et sa présence au milieu de nous fut pour toute la ville un bonheur. Pendant treize ans, ah ! je puis le dire à haute voix, pendant treize ans, il fut le pasteur et le père de ce troupeau, et l'on put sans craindre lui faire l'application de ces belles paroles d'une de nos légendes sacrées : *Non minus amor quam sui gregis pastor*. Tout ce que le zèle le plus ardent, la prudence la plus éclairée, le dévouement le plus complet inspiraient à son ingénieuse charité, sa sagesse trouvait moyen de le réaliser. Modèle de toutes les vertus, comme saint Paul aux premiers fidèles, à tous il pouvait nous dire : *Imitatores mei estote, sicut et ego Christi*. Soyez mes imitateurs, comme je le suis de Jésus-Christ.

Egalement éloigné du relâchement et d'une excessive sévé-
rité, il dirigeait d'une main sûre les âmes pieuses dans les
voies de la perfection et il excellait par sa bonté et sa douceur à retenir les jeunes gens dans les sentiers de la vertu
et à ramener au bercail toutes les brebis errantes. Tous les
jours, levé avant l'aube, le matin il était au saint autel et
dans son cabinet de travail, le soir il visitait exactement ses
malades auxquels bien souvent il portait avec les consola-
tions religieuses des secours pécuniaires, puis il parcourait
indistinctement toutes les familles ; n'étaient-elles pas toutes
la sienne? et, laissant ici une bonne parole, là un encou-
ragement, ailleurs un affectueux reproche, faisait sentir à
tous qu'ils avaient dans leur pasteur, le riche un ami, le
pauvre un bienfaiteur, et l'orphelin un père. Oh ! qui pourrait dire le bien qu'il a fait secrètement dans ses visites
toujours trop courtes, que de larmes essuyées ! que de misères soulagées ! que de vices détruits ! que de vertus éclo-
ses ! Mais aussi pour lui quelle douleur quand ses ressources
étaient insuffisantes pour combler le gouffre d'une pauvreté
toujours renaissante ? C'est ce qui lui inspira l'heureuse idée
d'organiser une association de charité qui aujourd'hui
encore nourrit le vieillard, soigne les malades et continue
de répandre sur tous les malheureux d'abondantes aumônes.

Une autre plaie faisait encore saigner son cœur, il souffrait amèrement de voir les jeunes filles de sa paroisse, dé-
laissées, ne recevant qu'une instruction incomplète, une
éducation peu en harmonie avec les devoirs qu'elles auraient
à remplir un jour ; eh bien, pour former cette intéressante
partie de ses ouailles, sa charité ne connut point d'obstacles ; la
ville était sans ressources ; lui-même il appela des Sœurs de
la Doctrine chrétienne, lui-même il les installa à ses frais et
il n'hésita pas à leur procurer plus tard, de ses propres de-
niers, une maison qu'il acheta, qu'il leur donna avec un désintéressement admirable, et pour laquelle pendant 18 années il versa annuellement 500 fr. de rente viagère.

Tant d'activité, de désintéressement, cette charité apostolique qui rayonnait dans toutes ses démarches, l'influence que lui avaient acquise sur le clergé l'éclat de ses vertus pastorales et la rectitude de son jugement, son administration sage et paternelle qui avait produit dans toute la paroisse des fruits de salut si abondants le firent apprécier de son évêque Monseigneur Donnet qui, en 1855, l'appela à l'honneur de partager avec lui l'administration du diocèse tout entier. M. Poirot, dans son humilité, voulait rester avec ses chers enfants, mais il dut obéir, et quitter une seconde fois les larmes aux yeux ces bien-aimés paroissiens pour qui il conserva jusqu'à la fin un attachement qui fut alors leur consolation et qui sera toujours leur gloire.

Dans ce poste éminent, ferme par caractère, inébranlable par conscience, sage dans ses conseils, modéré dans ses jugements, il administra avec une paternelle bonté, avec la prudence et l'équité d'un homme impartial qui fait présider la plus stricte justice à toutes ses déterminations.

Au milieu des nombreuses occupations qui l'accablaient, toujours accessible, accueillant, affable, il écoutait avec patience, accordait avec bonté, refusait même avec grâce. Avait-il un reproche à faire, un avis pénible à transmettre, il savait le faire accepter favorablement; ce n'était plus le vicaire-général qui parlait, c'était l'ami qui conférait avec son ami, et alors il encourageait, réprimait, consolait dans toute la simplicité de son âme, avec une franchise qui excluait toute arrière-pensée. Aussi tous ses administrés se félicitaient de ses procédés à leur égard, de sa bonté pour eux, de son zèle à défendre leurs droits, de son dévouement à leur ministère, et ne savaient ce qu'ils devaient le plus admirer de la justesse de ses vues, de la droiture de ses intentions, ou de la discrétion vraiment scrupuleuse avec laquelle il traitait les affaires.

Cependant un grand vide s'était fait dans les rangs de la milice sacrée; le diocèse était en deuil et la Cathédrale pleurait la mort de son pasteur, M. Michel, de sainte et vénérée mémoire. Quel lévite osera remplacer ce vaillant d'Israël? quel cœur assez charitable, quelles mains assez puissantes pourront recueillir cette succession redoutable, pour continuer ce laborieux ministère? Monseigneur lui-même s'inquiétait dans sa sollicitude pastorale et Sa Grandeur, dans sa haute sagesse, ne fut complètement rassurée que lorsque ses regards tombèrent sur celui qui avait été autrefois le digne élève de M. Michel, le bien-aimé vicaire de M. Charlot.

Or, c'est à vous, M. F., de nous redire comment M. Poirot justifia ce choix de prédilection, et la régularité de sa vie, et son activité vraiment incroyable, et son zèle pour votre salut, et ses bons conseils pour la direction de vos affaires temporelles! à vous de nous rappeler cette gaîté douce et familière qui se mêlait à la bonté naturelle de son cœur, cette simplicité de manières qui le rendait accessible à tous, cette obligeance, cette cordialité qui lui mérita votre estime et votre attachement, disons mieux, le respect et l'affection de toutes les personnes qui l'ont connu, sans distinction de rang et de fortune! à vous aussi, pauvres dont il était la Providence, à vous de nous révéler les inépuisables aumônes qu'il versait secrètement dans votre sein! Prenez garde, lui disait-on quelquefois, on abuse de vos largesses. Que m'importe? répondait-il avec l'accent d'un vrai chrétien : donner à la pauvreté c'est faire le bien, il suffit que Dieu connaisse mes intentions.

Curé de la Cathédrale, M. Poirot n'eut pas à créer comme à Château-Salins une association pour soulager l'indigence, une école pour former la jeunesse : car dans Nancy-la-Charitable, la faim est rassasiée, la nudité est revêtue, l'infirmité est guérie, l'ignorance est instruite et chaque espèce de misère de l'esprit ou du corps rencontre une espèce de miséricorde qui la soulage. Mais ses entrailles s'émurent à la pensée que les misères de l'âme ne trouvaient point sur sa paroisse les mêmes ressources. Sa foi lui montrait dans ce faubourg tant d'affamés qui n'étaient point nourris de la parole de Dieu, tant d'indifférents qui étaient dépouillés de leur robe baptismale, tant d'infirmes qui ne marchaient plus dans les voies du Seigneur, tant d'ignorants qui ne connaissaient plus le Ciel! Sa charité se dilata, son extrême désintéressement courut au-devant des sacrifices les plus considérables et pour faire cesser cet abandon spirituel où se trouvait une population intéressante, dans son cœur monta l'heureuse inspiration d'élever à la gloire de Dieu un temple nouveau et de faciliter ainsi les secours de la religion aux nombreuses familles trop éloignées de leur église paroissiale.

Je ne vous redirai pas, M. F., l'élan que son zèle sut vous communiquer pour la réalisation de cette œuvre si éminemment chrétienne, l'ardeur de vos sympathies, l'empressement de votre concours, la générosité de vos largesses : ce temple est debout, il suffit pour raconter votre gloire. Aujourd'hui vous en jouissez, plus tard Dieu vous en récompensera et les générations futures béniront votre mémoire. Mais au milieu des grandes et saintes joies qu'il éprouvait dans son âme quand s'élevaient à peine quelques pierres, quand il ne saluait encore que dans ses espérances ce monument auquel il consacrait toute la puissance de son zèle, quels labeurs! quelles fatigues! quelles inquiétudes inséparables de la position délicate où il s'était engagé! Reconnaissez-le, M. F., ses forces trahirent son courage, il devait être enseveli dans son triomphe et cette église à peine achevée devait être son tombeau.

Bientôt en effet une pâleur de fâcheux augure se répand sur la face amaigrie du pasteur vigilant et laborieux, ses forces diminuent tous les jours ; je ne sais quel poids l'accable insensiblement, quelle faiblesse imprévue ralentit son activité et le retient dans ses appartements. En vain cherche-t-il par des occupations douces à son cœur à combattre

cette langueur ennemie qui lui semble d'abord plus incom-
mode que dangereuse, les douleurs deviennent plus aigües,
la science est impuissante à le guérir, et malgré les soins
assidus d'une sœur admirable de dévouement, le mal fait des
progrès effrayants et déjà l'on est réduit à redouter le moment fatal. En présence de la mort, qu'attendez-vous, M. F.,
d'une vie si sage et si chrétienne? Ah! vous l'avez vu,
pendant neuf mois de souffrances, la patience fut-elle jamais
plus égale, la résignation plus sainte? la douleur a-t-elle
jamais arraché de sa bouche ou de son cœur, je ne dis pas
une plainte amère, une parole de murmure, mais un seul
mouvement d'impatience, une parole d'inquiétude? Quand
on l'avertit du danger de son état, vîtes-vous changer son
visage, sa voix fut-elle moins ferme, perdit-il quelque chose
de sa tranquillité ordinaire? Notre généreux malade remercia
dans les termes les plus affectueux le confrère charitable
qui lui rendait ce signalé service, il offrit aussitôt
à Dieu le sacrifice de sa vie avec la résignation la plus tou-
chante, et reçut les sacrements de l'Eglise avec la foi la plus
vive, la piété la plus tendre, et la plus ardente charité. Dès
lors avec un calme étonnant il contempla sans en être ému
la mort qu'il vit plusieurs fois dans son plus terrible appa-
reil; il fit ses dernières dispositions, régla tout, jusqu'à ses
funérailles pour lesquelles sa modestie recommanda la plus
grande simplicité. Puis tournant toutes ses pensées vers
le bon Maître, dont il avait été quarante-deux ans le fidèle
ministre, aux amis qui s'approchaient de son chevet il
montrait le Ciel où l'on se retrouverait pour l'éternité, et si
parfois encore il laissait échapper de sa poitrine un regret,
c'était celui de n'avoir pu orner convenablement cette église;
mais il se consolait par la pensée que votre concours ne
ferait défaut ni à son digne successeur, ni à ce prêtre zélé
qu'il vous léguait comme pasteur parce qu'une longue amitié
lui avait fait connaître son mérite et son dévouement. Témoins de sa résignation, ses amis en admirant sa fermeté

perdirent la leur, ceux qui le plaignaient paraissaient presque les seuls à plaindre. La pitié fut plus cruelle que la douleur et ceux qui voyaient le mal étaient plus troublés que celui qui le souffrait.

Tristes mais fidèles témoins de ses derniers moments, redites-nous la scène à la fois sublime et déchirante qui se passa lors de la visite que lui fit Monseigneur, après avoir récité solennellement à la Cathédrale les prières des agonisants. A peine eut-il aperçu le digne Prélat auprès de sa couche, à peine eut-il senti les lèvres paternelles et amies du premier Pasteur se reposer sur son front décoloré, que son visage rayonna d'une joie toute chrétienne ; avec quelle reconnaissance il leva vers Monseigneur ses yeux mourants, il étendit ses mains tremblantes et décharnées ! avec quelle effusion, quel respect filial il baisa l'anneau pastoral du Pontife profondément ému ! puis recueillant ce qui lui restait de forces : Monseigneur, dit-il à haute voix, vous êtes le chef et le représentant du clergé auquel j'ai eu l'honneur d'appartenir ; c'est à vous que je m'adresse pour demander à tous mes frères dans le sacerdoce pardon de ne les avoir pas mieux édifiés pendant ma vie!!! Je me recommande instamment à leurs prières et aux vôtres!!! Je demeure plein de confiance en la miséricorde du Seigneur..... Les prêtres qui entouraient le lit funèbre s'attendrissaient, sanglotaient, fondaient en larmes ; seul il conservait sa sérénité et semblait par le bonheur dont l'enivrait la présence de Monseigneur avoir oublié toutes ses souffrances. Dieu voulut que ce fût sa dernière joie et, huit jours après, son âme s'envolait au Ciel et ses dépouilles mortelles étaient déposées dans cette église dont il fut le fondateur.

Et maintenant, M. F., vous dirai-je pourquoi ses funérailles ressemblèrent à un triomphe, pourquoi Sa Grandeur daignait l'accompagner jusqu'à la tombe, pourquoi les prêtres du diocèse, les fidèles de Château-Salins et de Nancy vinrent se presser autour de son cercueil, et l'arroser de leurs larmes? Ah! c'est qu'en perdant un ami, tous voulaient vénérer un saint, tous voulaient rendre un public et solennel hommage à cette vie toute réglée par la sagesse, à cette mort sanctifiée par la patience et la résignation.

Adieu donc, digne pasteur, adieu, ô vous qui fûtes du clergé le modèle et de toutes vos ouailles le bienfaiteur et l'ami! Adieu donc, bon père, adieu ô vous qui ouvrîtes sous mes pas le chemin que jusqu'ici j'ai parcouru et qui me choisîtes le sanctuaire du Seigneur pour le lieu de mon habitation! Votre image vénérable toujours sera présente à nos yeux, votre souvenir jamais ne s'effacera de notre cœur, et souvent nous reviendrons sur votre tombe, pour nous inspirer de vos vertus, admirer votre zèle et méditer votre vie. Du haut du Ciel où, je n'en doute pas, Jésus-Christ, le prince des pasteurs, récompense vos longs travaux et couronne de gloire votre humilité, daignez veiller encore sur vos enfants, daignez soutenir notre faiblesse, seconder nos efforts, afin qu'après avoir profité des bons exemples de toute votre vie, tous nous puissions vous être réunis dans les siècles des siècles. Ainsi soit-il.